大方廣佛華嚴經 寫經

20

🏵 일러두기

1. 『사경본 한글역 대방광불화엄경』은 『독송본 한문·한글역 대방광불화엄경』에 수록된 한글역을 사경하는 데 편의를 도모하기 위해 편집을 달리하여 간행한 것이다.

2. 『독송본 한문·한글역 대방광불화엄경』은 실차난타가 한역(695~699)한 80권 『대방광불화엄경』의 한문 원문과 한글역을 함께 수록한 것이다. 한문 저본은 고종 2년(1865) 월정사에서 인경한 고려대장경 『대방광불화엄경』이다.

3. 한글 번역은 동국역경원에서 발간한 한글 『대방광불화엄경』(운허)을 중심으로 하고 『신화엄경합론』(탄허)과 『대방광불화엄경 강설』(여천무비) 그리고 최근의 여타 번역본 등을 참조하였다.

4. 한글 번역은 독송과 사경을 위하여 정확성과 아울러 가독성을 고려하였다. 극존칭은 부처님과 불경계에 대해서만 사용하였다.

5. 사경본의 차례는 일러두기 → 한글역 본문 → 화엄경 목차 → 간행사이며 80권 『대방광불화엄경』의 권별 목차 순으로 독송본과 함께 간행한다. (법공양판에는 간행사 다음에 간행불사 동참자를 밝혀 두었다.)

사경본 한글역
대방광불화엄경 제20권

21. 십행품 [2]

수미해주

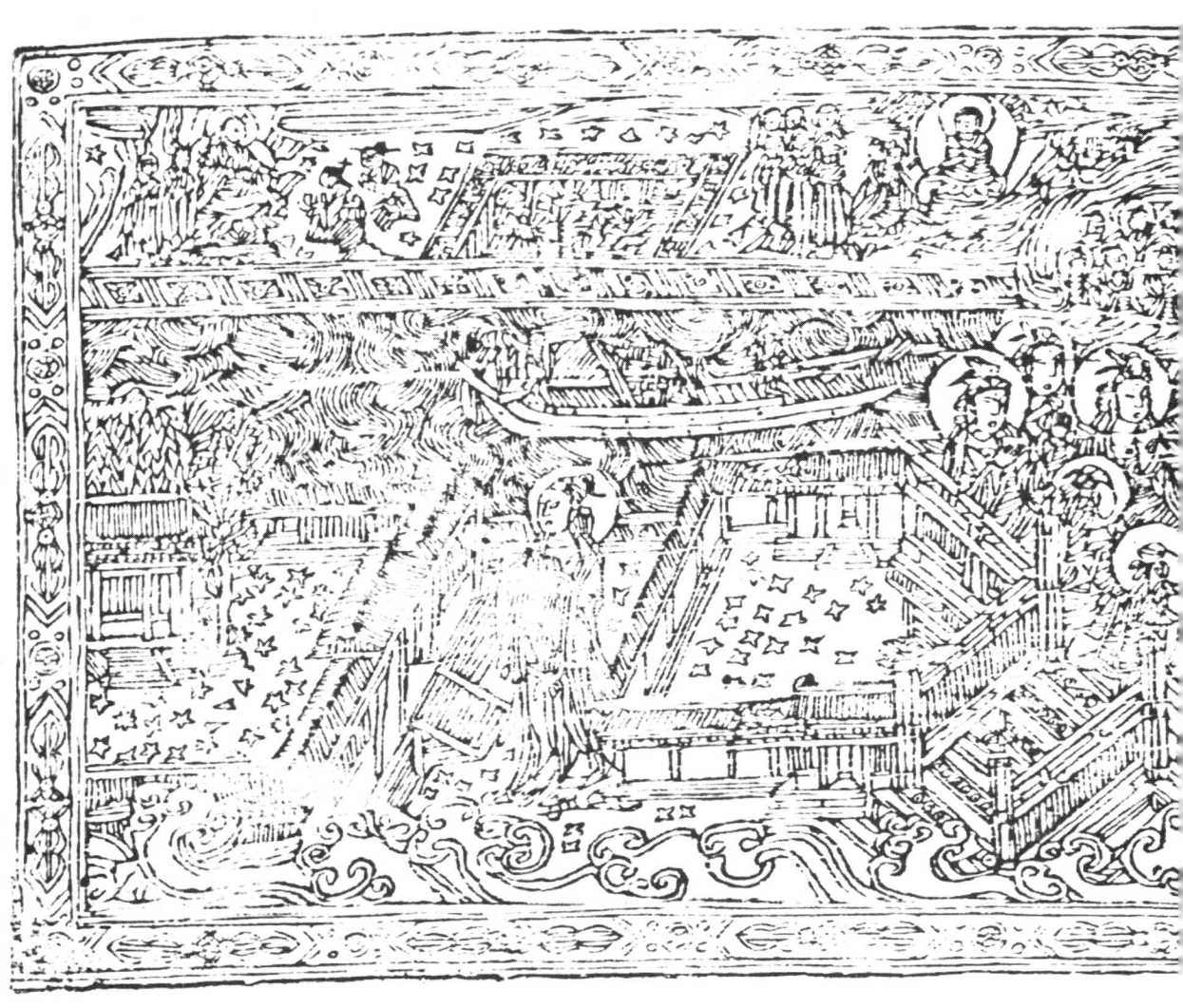

대방광불화엄경 제20권 변상도

대방광불화엄경
제20권

21. 십행품 [2]

_____ 은(는) 『대방광불화엄경』을
사경하는 인연공덕으로
『화엄경』이 널리 유통되고
우리 모두 다함께 보리 이루기를 발원하옵니다.

대방광불화엄경
제20권

21. 십행품 [2]

"불자들이여, 어떤 것이 보살마하살의 무착행인가?

불자들이여, 이 보살이 집착이 없는 마음으로 생각생각에 능히 아승지 세계에 들어가서 아승지 세계를 청정하게 장엄하되 모든 세계에 마음이 집착하는 바가 없다.

아승지 모든 여래의 처소에 나아가 공경하고 예배하며 받들어 섬기고 공양올리되, 아승지 꽃과 아승지 향과 아승지 화만과 아승지 바르는 향과 가루향과 의복과 진귀한 보배와 당기와 깃발과 미묘한 일산과 모든 장엄구를 각각 아승지로써 공양올린다. 이와 같이 공양올리는 것은 끝내 지음이 없는 법을 위한 까닭이며, 부사의한 법에 머무르기 위한 까닭이다.

생각생각에 수없는 부처님을 친견하되 모든 부처님 처소에 마음이 집착하는 바가 없으며, 모든 부처님 세계에도 또한 집착하는 바가 없으며, 부처님 상호에도 또한 집착하는 바가 없으며, 부처님의 광명을 보고 부처님의 설법을 들음에도 또한 집착하는 바가 없다.

시방의 세계와 부처님과 보살과 모인 대중에게도 또한 집착하는 바가 없으며, 불법을 듣고는 마음이 환희를 내어서 뜻과 힘이 광대하여 모든 보살행을 능히 거두고 능히 행하되, 그러나 부처님 법에 또한 집착하는 바가 없다.

이 보살이 말할 수 없는 겁에 말할 수 없는 부처님께서 세상에 출현하심을 보고, 낱낱 부처님 처소에서 받들어 섬기고 공양올리기를 모두 다 말할 수 없는 겁을 다하여도 마음에 만족해 싫어함이 없다.

부처님을 친견하고 법을 듣고 보살과 대중모임의 장엄을 보아도 다 집착하는 바가 없으며, 부정한 세계를 보아도 또한 미워함이 없다. 무슨 까닭인가? 이 보살이 모든 부처님 법과 같이 관찰하는 까닭이다.

모든 부처님 법 가운데 더러움도 없고 깨끗함도 없으며, 어두움도 없고 밝음도 없으며, 다름도 없고 하나도 없으며, 진실함도 없고 허망함도 없으며, 안온함도 없고 험난함도 없으며, 바른 길도 없고 삿된 길도 없다.

　보살이 이와 같이 법계에 깊이 들어가 중생을 교화하되 중생에게 집착을 내지 않으며, 모든 법을 받아지니되 모든 법에 집착을 내지 아니한다.

　보리심을 내어 부처님 머무르시는 데 머무르되 부처님 머무르시는 데 집착을 내지 않으며, 비록 말을 하나 말에도 마음이 집착하는 바가 없으며, 중생의 갈래에 들어가되 중생의 갈래에 마음이 집착하는 바가 없으며, 삼매를 분명히 알아서 능히 들어가고 능히 머무르되 삼매에 마음이 집착하는 바가 없다.

한량없는 모든 부처님 국토에 나아가, 들어가기도 하고 보기도 하고 그 가운데 머무르기도 하되 부처님 국토에 마음이 집착하는 바가 없으며, 버리고 갈 때에도 또한 돌아보거나 그리워하지 아니한다.

보살마하살이 능히 이와 같이 집

착하는 바가 없는 까닭에 불법 가운데 마음이 장애가 없다.

 부처님의 보리를 알며, 법과 계율을 증득하며, 부처님의 바른 가르침에 머무르며, 보살행을 닦으며, 보살의 마음에 머무른다.

 보살의 해탈법을 사유하며, 보살의 머무르는 곳에 마음이 물들지 않으며, 보살의 행하는 것에 또한 집착하는 바 없이, 보살의 도를 청정케 하여 보살의 수기를 받는다.

수기를 받고는 이와 같이 생각하기를 '범부가 어리석어 알지 못하고 보지 못하며, 믿음이 없고 이해가 없으며, 총명하고 민첩한 행이 없으며, 미련하고 어리석어 탐착하여 생사에 유전한다.

부처님 친견하기를 구하지 않으며, 밝게 인도함을 따르지 않으며, 조어함을 믿지 않고, 미혹하고 잘못되어 험난한 길에 들어간다. 십력의 왕을 공경하지 않고, 보살의 은혜를 알지 못하며, 머무른 곳만 그리워하고 집착한다.

모든 법이 공함을 듣고는 마음이 크게 놀라고 두려워하며, 바른 법을 멀리 떠나고 삿된 법에 머무르며, 평탄한 길을 버리고 험난한 길에 들어간다.

부처님의 뜻을 멀리 등지고 마군의 뜻을 따르며, 모든 있는 것에 굳게 집착하고 버리지 못한다.'라고 한다.

보살이 이와 같이 모든 중생들을 관찰하고 대비심을 증장하여 모든 선근을 내면서도 집착하지 아니한다.

보살이 그때에 다시 이 생각을 하되 '내가 마땅히 한 중생을 위하여 시방세계의 낱낱 국토에서 말할 수 없이 말할 수 없는 겁을 지내면서 교화하여 성숙케 하며, 한 중생을 위하는 것과 같이 일체 중생을 위해서도 다 또한 이와 같이 하되, 마침내 이것으로써 피로해하거나 싫어하는 마음을 내어, 버려두고 다른 데로 가지 아니할 것이다.

또 털끝으로 법계를 두루 헤아려 한 털끝만 한 곳에서 말할 수 없이 말할 수 없는 겁이 다하도록 일체 중생을 교화하고 조복한다. 한 털끝만 한 곳에서와 같이 낱낱 털끝만 한 곳에서도 다 또한 이와 같이 하리라.'고 한다.

　내지 손가락 한 번 튕기는 사이라도 '나'에 집착하여 '나'와 '내 것'이라는 생각을 일으키지 아니한다.
　낱낱 털끝만 한 곳에서 미래겁이 다하도록 보살행을 닦아도 몸에 집착하지 않으며, 법에 집착하지 아니한다.

 생각에 집착하지 않으며, 소원에 집착하지 않으며, 삼매에 집착하지 않으며, 관찰에 집착하지 않으며, 적정에 집착하지 아니한다.

 경계에 집착하지 않으며, 중생을 교화하여 조복함에 집착하지 않으며, 또한 다시 법계에 들어가는 것에도 집착하지 아니한다.

 무슨 까닭인가? 보살이 이 생각을 하되 '내가 마땅히 일체 법계가 환과 같으며, 모든 부처님이 그림자와 같으며, 보살행이 꿈과 같으며, 부처님의 설법이 메아리와 같음을 관하리라.

일체 세간이 환화와 같으니 업보로 유지되는 까닭이며, 차별한 몸이 환과 같으니 행의 힘으로 일어난 까닭이며, 일체 중생이 마음과 같으니 갖가지로 물든 까닭이며, 일체 법이 실제와 같으니 변할 수 없는 까닭이다.'라고 한다.

또 이 생각을 하되 '내가 마땅히 온 허공과 법계에 두루하여 시방의 국토에서 보살행을 행하되, 생각생각에 일체 불법을 분명히 통달하고 바른 생각이 앞에 나타나서 집착하는 바가 없으리라.'고 한다.

보살이 이와 같이 몸이 무아임을 관하며 부처님 친견하기를 걸림 없이 하며 중생을 교화하기 위해 모든 법을 연설하여, 부처님 법에 한량없는 환희와 청정한 믿음을 내게 하며 일체를 구호하되 마음에 피로해하거나 싫어함이 없다.

피로해하거나 싫어함이 없는 까닭으로 일체 세계에서 만약 중생이 아직 성숙하지 못하였거나 아직 조복하지 못한 곳이 있으면, 그곳에 모두 나아가 방편으로 교화하여 제도한다.

그 가운데 중생의 갖가지 음성과 갖가지 모든 업과 갖가지 취착과 갖가지 시설과 갖가지 화합과 갖가지 유전과 갖가지 짓는 것과 갖가지 경계와 갖가지 태어남과 갖가지 죽음에, 큰 서원으로 그 가운데 편안히 머물러 교화한다.

그 마음이 흔들리거나 물러나지 않게 하며, 또한 잠깐이라도 물들고 집착하는 생각을 내지 아니한다.

무슨 까닭인가? 집착하는 바가 없고 의지하는 바가 없는 까닭으로, 자기도 이롭게 하고 다른 이도 이롭게 하는 것이 청정하고 만족함이다.

이것이 이름이 보살마하살의 일곱째 무착행이다.

불자들이여, 어떤 것이 보살마하살의 난득행인가?

이 보살이 얻기 어려운 선근과, 조복하기 어려운 선근과, 가장 수승한 선근과, 깨뜨릴 수 없는 선근과, 능히 지나갈 이 없는 선근과, 사의할 수 없는 선근과, 다함이 없는 선근과, 자재한 힘의 선근과, 큰 위덕의 선근과, 일체 부처님과 동일한 성품의 선근을 성취한다.

이 보살이 모든 행을 닦을 때에 불법 중에서 가장 수승한 이해를 얻으며, 부처님의 보리에 넓고 큰 이해를 얻으며, 보살의 서원에 일찍이 쉬지 아니한다.

일체 겁이 다하여도 마음이 피로해 게으르지 아니하며, 일체 고통을 싫어하여 떠날 생각을 내지 아니하며, 일체 온갖 마군이 흔들 수 없는 바이다.

일체 모든 부처님께서 호념하시는 바이며, 일체 보살의 고행을 갖추어 행하며, 보살행을 닦아 부지런하여 게으르지 아니하며, 대승의 서원에서 항상 퇴전하지 아니한다.

이 보살이 이 난득행에 편안히 머무르고는 생각생각에 능히 아승지겁 동안 생사에 유전하여 보살의 대원을 버리지 아니한다.

만약 어떤 중생이 받들어 섬기고 공양올리거나 내지 보고 들으면 모두 아뇩다라삼먁삼보리에서 퇴전하지 아니한다.

이 보살이 비록 중생이 있는 것이 아님을 알지만, 일체 중생계를 버리지 아니한다. 마치 뱃사공이 이 언덕에도 머무르지 아니하며 저 언덕에도 머무르지 아니하며 중류에도 머무르지 아니하고, 능히 이 언덕의 중생을 건네어 저 언덕에 이르게 하는 것과 같으니, 왕래하여 쉬지 아니하는 까닭이다.

보살마하살도 또한 다시 이와 같아서 생사에도 머무르지 아니하며 열반에도 머무르지 아니하며 또한 다시 생사 가운데 흐름에도 머무르지 아니하고, 능히 이 언덕의 중생을 건네어 저 언덕의 안온하고 두려움 없고 근심과 괴로움이 없는 곳에 둔다.

또 중생의 수효에 집착하지도 아니한다. 한 중생을 버리고 많은 중생에 집착하지도 아니하며, 많은 중생을 버리고 한 중생에 집착하지도 아니한다.

중생계가 늘어나지도 아니하고 중

생계가 줄어들지도 아니하며, 중생계가 나지도 아니하고 중생계가 멸하지도 아니한다.

중생계가 다하지도 아니하고 중생계가 자라지도 아니한다. 중생계를 분별하지도 아니하고 중생계를 둘로 하지도 아니한다.

무슨 까닭인가? 보살이 중생계가 법계와 같음에 깊이 들어가 중생계와 법계가 둘이 없다.

둘이 없는 법 가운데 늘어남도 없

고 줄어듦도 없으며, 남도 없고 멸함도 없으며, 있음도 없고 없음도 없으며, 취함도 없고 의지함도 없으며, 집착함도 없고 둘도 없다.

무슨 까닭인가? 보살이 일체 법이 법계와 둘이 없음을 아는 까닭이다.

보살이 이와 같이 좋은 방편으로 깊은 법계에 들어가니 모양 없음에 머무르되 청정한 모습으로 그 몸을 장엄하며, 법의 성품 없음을 알되 일체 법의 모양을 능히 분별한다.

중생을 취하지 아니하되 능히 중생의 수를 분명히 알며, 세계에 집착하지 아니하되 부처님 세계에 몸을 나타내며, 법을 분별하지 아니하되 부처님 법에 잘 들어가며, 깊이 의리를 통달하되 말로 가르침을 널리 편다.

일체 법이 탐욕을 여읜 진리의 경계임을 알되 보살도를 끊지 아니하고 보살행에서 물러나지 아니하며, 다함없는 행을 항상 부지런히 닦아 익히되 자재하게 청정한 법계에 들어간다.

 마치 나무를 비벼서 불을 냄에 불타는 일이 한량없어서 불이 꺼지지 아니하듯이, 보살도 이와 같아서 중생을 교화하는 일이 다함이 없으니 세간에 있어서 항상 머물러 멸하지 아니한다.

 구경도 아니고 구경 아님도 아니며, 취함도 아니고 취하지 않음도 아니며, 의지도 아니고 의지 없음도 아니며, 세간법도 아니고 부처님 법도 아니며, 범부도 아니고 과를 얻음도 아니다.

보살이 이와 같은 얻기 어려운 마음을 성취하고 보살행을 닦을 때에 이승법도 말하지 않고 부처님 법도 말하지 않으며, 세간도 말하지 않고 세간법도 말하지 않으며, 중생도 말하지 않고 중생 없음도 말하지 않으며, 더러움도 말하지 않고 청정도 말하지 아니한다.

무슨 까닭인가? 보살은 일체 법이 물듦도 없고 취함도 없으며 바뀌지도 않고 물러나지도 않음을 아는 까닭이다.

보살이 이와 같이 적멸하고 미묘하고 매우 깊고 가장 수승한 법 가운데서 수행할 때에 또한 '내가 현재에 이 행을 닦고 이미 이 행을 닦았고 장차 이 행을 닦으리라.'는 생각을 내지 아니한다.

온과 계와 처와 안 세간과 바깥 세간과 안팎 세간에 집착하지 아니하고, 일으킨 큰 서원의 모든 바라밀과 일체 법에도 다 집착하는 바가 없다.

　무슨 까닭인가? 법계 가운데 어떤 법이 '성문승을 향한다', '독각승을 향한다'라고 이름할 것이 없다.
　어떤 법이 '보살승을 향한다', '아뇩다라삼먁삼보리를 향한다'라고 이름할 것이 없다.
　어떤 법이 '범부 세계를 향한다'라고 이름할 것이 없으며, 어떤 법이 '물드는 데 향한다', '깨끗한 데 향한다', '생사를 향한다', '열반을 향한다'라고 이름할 것이 없다.

　무슨 까닭인가? 모든 법이 둘이 없으며, 둘이 아님도 없는 까닭이다.

　비유하면 허공을 시방에서 과거나 미래나 현재에 구하여도 얻을 수 없지만 그러나 허공이 없는 것이 아니듯이, 보살도 이와 같아서 일체 법이 다 얻을 수 없음을 관찰하지만 그러나 일체 법이 없지도 아니하다. 실상과 같고 다름이 없되 짓는 일을 잃지 않고 보살의 모든 행을 수행함을 널리 보이며 큰 원력을 버리지 않고 중생을 조복한다.

바른 법륜을 굴려서 인과를 무너뜨리지 아니하되, 또한 평등하고 묘한 법을 어기지도 아니한다.

널리 삼세의 모든 여래와 더불어 평등하여, 부처님의 종성을 끊지 않고 실상을 깨뜨리지 아니하며, 법에 깊이 들어가 변재가 다함이 없다.

법을 듣고 집착하지 않으나 법의 깊은 곳에 이르러 잘 능히 열어 연설하고 마음이 두려운 바가 없다.
 부처님께서 머무르시는 데를 버리지 아니하되 세상법을 어기지 아니하며, 세간에 널리 나타나되 세간에 집착하지 아니한다.

 보살이 이와 같이 얻기 어려운 지혜의 마음을 성취하여 모든 행을 닦아 익히되, 삼악취에서 중생들을 뽑아내어 교화하고 조복하여 삼세의 모든 부처님의 도에 편안히 두어 동요하지 않게 한다.

다시 이 생각을 하기를 '세간의 중생들이 은혜 갚을 줄 알지 못하고 서로 원수로 대한다.

삿된 소견에 집착하여 미혹하고 전도되며, 어리석고 지혜가 없어 신심이 없고 나쁜 벗을 따라 모든 나쁜 생각을 일으키며, 탐욕과 애착과 무명의 갖가지 번뇌가 모두 다 가득하니, 이것이 내가 보살행을 닦을 곳이다.

가령 은혜를 알고 총명하고 지혜가 있으며 그리고 선지식이 세간에 충만하면, 나는 그 가운데서 보살행을 닦지 아니할 것이다.

무슨 까닭인가? 나는 중생에 대하여 맞고 맞지 않을 것도 없고, 바라는 것도 없다. 내지 실 한 올, 터럭 하나와 한 글자 찬미하는 말도 구하지 아니한다.

미래겁이 다하도록 보살행을 닦되 일찍이 한 생각도 스스로 자기를 위하지 아니하고, 다만 일체 중생을 제도하여 해탈케 하고 그들로 하여금 청정하여 영원히 벗어나게 하려는 것이다.'라고 한다.

 무슨 까닭인가? 중생 가운데 밝게 인도하는 자는 법이 마땅히 이러하여 취하지도 않고 구하지도 아니한다.

 다만 중생들을 위하여 보살도를 닦아 그들로 하여금 안온한 저 언덕에 이르러서 아뇩다라삼먁삼보리를 이루게 하는 것이다.

 이것이 이름이 보살마하살의 여덟째 난득행이다.

불자들이여, 어떤 것이 보살마하살의 선법행인가?

이 보살이 일체 세간의 천신과 인간과 마군과 범천과 사문과 바라문과 건달바들을 위하여 청량한 법의 못을 만들어 바른 법을 거두어 지니어서 부처님의 종성이 끊어지지 않게 한다.

청정한 광명 다라니를 얻었으므로 법을 설하고 수기하는 변재가 다함이 없으며, 뜻을 구족한 다라니를 얻었으므로 의변재가 다함이 없으며, 실상법을 깨닫는 다라니를 얻었으므로 법변재가 다함이 없다.

훈고 해석하는 언사의 다라니를 얻었으므로 사변재가 다함이 없으며, 가없는 글자와 문구와 다함없는 뜻의 걸림 없는 문의 다라니를 얻었으므로 무애변재가 다함이 없다.

부처님의 관정 다라니를 얻어 정수리에 물을 부었으므로 환희변재가 다함이 없으며, 다른 이를 말미암아 깨닫지 않는 다라니의 문을 얻었으므로 광명변재가 다함이 없으며, 같은 말을 하는 다라니의 문을 얻었으므로 동변재가 다함이 없다.

갖가지 뜻과 문구와 글자를 훈고 해석하는 다라니의 문을 얻었으므로 훈석변재가 다함이 없으며, 가없이 돌아가는 다라니를 얻었으므로 무변변재가 다함이 없다.

이 보살이 대비가 견고하여 중생들을 널리 거두어 준다. 삼천대천세계에서 몸을 금빛으로 변화하여 불사를 짓되, 모든 중생들의 근성과 욕락을 따라서 넓고 긴 혀로써 한 음성에 한량없는 음성을 나타내어 때에 맞추어 법을 설하여 다 환희케 한다.

가령 말할 수 없는 갖가지 업보의 수없는 중생들이 함께 한 곳에 모였으며, 그 모임이 광대하여 말할 수 없는 세계에 충만하였다.

보살이 그 대중모임 가운데 앉으니 이 가운데 중생들이 낱낱이 다 말할 수 없는 아승지 입이 있고, 낱낱 입으로 백천억 나유타 음성을 능히 내어 동시에 발성하여 각각 다른 말로 각각 달리 묻는 것을, 보살이 한 생각 사이에 모두 능히 받아들여 다 대답해 의혹을 없애게 한다. 한 대중모임에서와 같이 말할 수 없는 대중모임에서도 모두 또한 이와 같다.

다시 또 가령 한 털끝만 한 곳에서 생각생각에 말할 수 없이 말할 수 없는 도량의 대중모임을 내고, 일체의 털끝만 한 곳에서도 다 또한 이와 같이 미래겁이 다하도록 한다면, 그 겁은 다할 수 있어도 대중모임은 다함이 없다.

이 모든 모인 대중들이 생각생각에 각각 다른 말로써 각각 다르게 질문한 것이라도, 보살이 한 생각 사이에 모두 능히 받아들이고 두려움이 없고 겁냄이 없으며 의심이 없고 잘못이 없어서 이 생각을 한다.

'설령 일체 중생이 이와 같은 어업

으로써 나에게 함께 와서 묻더라도, 내가 법을 설하되 끊어짐이 없고 다함이 없어서 다 하여금 환희하여 좋은 길에 머무르게 한다.

　다시 그들로 하여금 일체 말을 잘 알아서 능히 중생들을 위하여 갖가지 법을 설하되 말에 대하여 분별하는 바가 없게 할 것이다.

　가령 말할 수 없이 말할 수 없는 갖가지 말로, 와서 따져 묻더라도 한 생각에 다 알고 한 음성으로 모두 대답하여 널리 깨닫게 하고 남음이 없

게 하리라.'

일체 지혜로 관정함을 얻은 까닭이며, 걸림 없는 장을 얻은 까닭이며, 일체 법의 원만한 광명을 얻은 까닭이며, 일체지지를 구족한 까닭이다.

불자여, 이 보살마하살이 선법행에 편안히 머무르고는 능히 스스로 청정하고, 또한 능히 집착함이 없는 방편으로 널리 일체 중생을 요익하되, 중생들이 벗어남을 얻은 이가 있음을 보지 아니한다.

이 삼천대천세계에서와 같이, 이와 같이 내지 말할 수 없는 삼천대천세계에서 몸을 금색으로 변화하고 묘한 음성을 구족하여 일체 법에 장애하는 바가 없이 불사를 짓는다.

불자여, 이 보살마하살이 열 가지 몸을 성취한다.

이른바 가없는 법계에 들어가는 갈래가 아닌 몸이니 일체 세간을 멸하는 까닭이며, 가없는 법계에 들어가는 모든 갈래의 몸이니 일체 세간에 나는 까닭이다.

나지 않는 몸이니 남이 없는 평등한 법에 머무르는 까닭이며, 멸하지 않는 몸이니 일체가 멸하여 언설로 얻을 수 없는 까닭이다.

진실하지 않은 몸이니 실상과 같음을 얻은 까닭이며, 허망하지 않은 몸이니 마땅함을 따라 나타내는 까닭이다.

변천하지 않는 몸이니 여기서 죽어 저기에서 태어남을 여읜 까닭이며, 무너지지 않는 몸이니 법계의 성품이 무너짐이 없는 까닭이다.

한 모양의 몸이니 삼세의 언어의 길이 끊어진 까닭이며, 모양 없는 몸이니 법의 모양을 잘 능히 관찰하는 까닭이다.

보살이 이와 같은 열 가지 몸을 성취하고는 일체 중생의 집이 되니 일체 선근을 기르는 까닭이며, 일체 중생의 구호함이 되니 그들로 하여금 크게 안온함을 얻게 하는 까닭이다.
일체 중생의 돌아갈 데가 되니 그

들에게 큰 의지처가 되는 까닭이며, 일체 중생의 인도자가 되니 위없이 벗어남을 얻게 하는 까닭이다.

일체 중생의 스승이 되니 진실한 법 가운데 들어가게 하는 까닭이며, 일체 중생의 등불이 되니 그들로 하여금 업보를 분명히 보게 하는 까닭이다.

일체 중생의 빛이 되니 매우 깊고 묘한 법을 비추게 하는 까닭이며, 일체 삼세의 횃불이 되니 그들로 하여금 실상법을 깨닫게 하는 까닭이다.

일체 세간의 비춤이 되니 광명의 땅 가운데에 들게 하는 까닭이며, 일체 모든 갈래의 밝음이 되니 여래의 자재함을 나타내 보이는 까닭이다.

불자들이여, 이것이 이름이 보살마하살의 아홉째 선법행이다. 보살이 이 행에 편안히 머물러서 일체 중생을 위하여 청량한 법의 못을 만들어 능히 일체 불법의 근원을 다하는 까닭이다.

불자들이여, 어떤 것이 보살마하살의 진실행인가?

이 보살이 제일가는 성실하고 참된 말을 성취하여, 말한 대로 능히 행하고 행한 대로 능히 말한다.

이 보살이 삼세 모든 부처님의 진실한 말을 배우며, 삼세 모든 부처님의 종성에 들어가며, 삼세 모든 부처님과 더불어 선근이 동등하며, 삼세 모든 부처님의 둘이 없는 말을 얻으

며, 여래를 따라 배워서 지혜를 성취
한다.

 이 보살이 중생의 옳은 도리와 그
른 도리를 아는 지혜와, 과거 미래
현재의 업보를 아는 지혜와, 모든 근
의 예리하고 둔함을 아는 지혜와, 갖
가지 경계를 아는 지혜와, 갖가지 이
해를 아는 지혜와, 일체 처에 이르는
길을 아는 지혜와, 모든 선정과 해탈
과 삼매의 더러움과 깨끗함이 일어
나는 때와 때 아님을 아는 지혜와,

일체 세계에서 지난 세상에 머무르던 일을 기억함에 따라 아는 지혜와, 천안통의 지혜와, 누진통의 지혜를 성취하되 일체의 보살행을 버리지 아니한다.

무슨 까닭인가? 일체 중생을 교화하여 모두 청정케 하려는 까닭이다.

이 보살이 다시 이와 같은 증상심을 낸다.

'만약 내가 일체 중생으로 하여금 위없는 해탈도에 머무르게 하지 못하고 내가 먼저 아뇩다라삼먁삼보리를 이룬다면 곧 나의 본래 서원을 어기는 것이니, 이것은 마땅하지 못한 일이다.

그러므로 반드시 마땅히 먼저 일체 중생으로 하여금 위없는 보리와 무여열반을 얻게 하고 그런 뒤에 성불할 것이다.

무슨 까닭인가? 중생들이 나에게 청하여서 발심한 것이 아니고, 내가 스스로 중생들을 위하여 청하지 않은 벗이 되어서, 먼저 일체 중생으로 하여금 선근을 만족하여 일체지를 이루게 하려 한 것이다.

그러므로 내가 가장 수승함이 되니 일체 세간에 집착하지 않는 까닭이며, 내가 가장 높음이 되니 위없는 조어하는 지위에 머무르는 까닭이다.

내가 가림을 여읨이 되니 중생들의 끝없음을 아는 까닭이며, 내가 이미 갖춤이 되니 본래의 서원을 성취한 까닭이다.

내가 좋은 변화가 되니 보살의 공

덕으로 장엄한 까닭이며, 내가 좋은 의지가 되니 삼세의 모든 부처님께서 거두어 주시는 까닭이다.'

이 보살마하살이 본래의 서원을 버리지 않는 까닭으로 위없는 지혜의 장엄에 들어가서 중생들을 이롭게 하여 모두 만족케 하되, 본래의 서원을 따라 모두 구경을 얻게 하며, 일체 법 가운데 지혜가 자재하여 일체 중생으로 하여금 널리 청정하게 한다.

생각생각에 시방세계에 두루 노닐며, 생각생각에 말할 수 없이 말할 수 없는 모든 부처님 국토에 널리 나아간다.

생각생각에 말할 수 없이 말할 수 없는 모든 부처님과 부처님의 장엄과 청정한 국토를 다 보며, 여래의 자재하신 신통의 힘을 나타내 보여 법계와 허공계에 널리 두루한다.

이 보살이 한량없는 몸을 나타내어 세간에 널리 들어가되 의지한 바가 없으며, 그 몸 가운데 일체 세계와 일체 중생과 일체 모든 법과 일체 모든 부처님을 나타낸다.

이 보살이 중생들의 갖가지 생각과 갖가지 욕망과 갖가지 이해와 갖가지 업보와 갖가지 선근을 알아서, 그 마땅한 바를 따라 그 몸을 나타내어 그들을 조복한다.

모든 보살들이 환술과 같고 일체법이 환화와 같으며 부처님의 출현이 그림자와 같고 일체 세간이 꿈과 같음을 관찰한다.

뜻과 글자의 무진장을 얻고, 바른 생각이 자재하여 일체 모든 법을 결정적으로 분명히 알며, 지혜가 가장 수승하여 일체 삼매의 진실한 모양에 들어가서 한 성품이고 둘이 아닌 자리에 머무른다.

보살마하살은 모든 중생들이 다 둘에 집착하므로, 대비에 편안히 머물러 이와 같은 적멸한 법을 닦아 행하며, 부처님의 십력을 얻어 인다라망 같은 법계에 들어간다.

여래의 걸림 없는 해탈을 성취하여 사람 중에 뛰어나고 용맹한 큰 사자후로 두려울 바 없음을 얻어서 능히 걸림 없는 청정한 법륜을 굴린다.

지혜의 해탈을 얻어 일체 세간의 경계를 분명히 알며, 생사의 소용돌이를 끊고 지혜의 큰 바다에 들어간다.

일체 중생을 위하여 삼세 모든 부처님의 정법을 보호하여 지녀서 일체 부처님의 법바다의 실상인 근원에 이른다.

보살이 이 진실행에 머무르고는, 일체 세간의 천신과 인간과 마군과 범천과 사문과 바라문과 건달바와 아수라들이 친근함이 있는 자는 다 깨달아 환희하고 청정하게 한다.

이것이 이름이 보살마하살의 열째 진실행이다."

이때에 부처님의 위신력으로 시방으로 각각 부처님 세계 미진수의 세계가 여섯 가지로 진동하였다.

이른바 흔들흔들하고 두루 흔들흔들하고 온통 두루 흔들흔들하며, 들먹들먹하고 두루 들먹들먹하고 온통 두루 들먹들먹하며, 울쑥불쑥하고 두루 울쑥불쑥하고 온통 두루 울쑥불쑥하였다.

우르르하고 두루 우르르하고 온통 두루 우르르하며, 와르릉하고 두루 와르릉하고 온통 두루 와르릉하며,

와지끈하고 두루 와지끈하고 온통 두루 와지끈하였다.

　하늘 묘한 꽃과 하늘 향과 하늘 가루향과 하늘 화만과 하늘 옷과 하늘 보배와 하늘 장엄구를 비내리며, 하늘 음악을 연주하며, 하늘 광명을 놓으며, 모든 하늘의 미묘한 음성으로 연창하였다.

　이 세계의 야마천궁에서 십행의 법을 설하여 나타내는 신통변화와 같이, 시방세계에서도 다 또한 이와 같앉다.

  다시 부처님의 위신력으로써 시방으로 각각 십만 부처님 세계 미진수의 세계 밖을 지나서 십만 부처님 세계 미진수의 보살들이 있어 함께 이 국토에 와서 시방에 충만하며, 공덕림 보살에게 말씀하였다.

  "불자여, 훌륭하고 훌륭합니다. 모든 보살행을 잘 능히 연설하였습니다. 우리들은 모두 이름이 같은 공덕

림이며, 머무르는 바 세계도 다 이름이 공덕당이며, 그 국토의 여래께서도 명호가 같은 보공덕이십니다.

우리들의 부처님 처소에서도 또한 이 법을 설하며, 모인 대중과 권속과 말과 이치도 다 또한 이와 같아서 늘어나거나 줄어듦이 없습니다.

불자여, 우리들은 다 부처님의 위신력을 받들어 이 회상에 들어와서 그대를 위하여 증명하는 것이며, 시방세계에서도 모두 또한 이와 같습니다."

이때에 공덕림 보살이 부처님의 위신력을 받들어 시방의 일체 대중모임과 법계를 널리 관찰하였다.

부처님의 종성이 끊어지지 않게 하려는 까닭이며, 보살의 종성이 청정하게 하려는 까닭이며, 서원의 종성이 퇴전하지 않게 하려는 까닭이며, 행의 종성이 항상 상속하게 하려는 까닭이며, 삼세의 종성이 모두 평등하게 하려는 까닭이며, 삼세 일체 부처님의 종성을 섭수하려는 까닭이며, 심은 바 모든 선근을 열어 펼치려는 까닭이며, 일체 모든 근성을 관찰하려는 까닭이며, 번뇌와 습기와 마음의 행으로 지은 것을 알려는 까닭이며, 일체 부처님의 보리를 비추어 알려는 까닭으로, 게송을 설하여 말씀하였다.

십력을 가진
높으신 분
때를 여의고 청정하여
걸림 없이 보시며
경계가 깊고 멀어

짝할 이 없으셔서
허공 같은 도에 머무르신 분께
일심으로 경례합니다.

과거에
사람 중 가장 수승하시고
공덕이 한량없고
집착하는 바가 없으시며
용맹이 제일이고
짝이 없으시니
저 번뇌를 여읜 자가
이 도를 행하도다.

현재에
시방의 모든 국토에서
제일가는 이치를
잘 능히 펴서 연설하시며
모든 허물 여의고
가장 청정하시니
저 의지함이 없는 자가
이 도를 행하도다.

미래에
있는 바 사람 중 사자이신 분
법계에 두루두루

유행하시며
모든 부처님의 대비심을
이미 내셨으니
저 이익 주는 자가
이 도를 행하도다.

삼세에 계시는
비할 데 없는 높으신 분
자연히 어리석음의 어두움을
없애 버리시고
일체 법에
다 평등하시니

저 큰 힘을 얻은 이가
이 도를 행하도다.

한량없고
가없는 세계의
일체 모든 존재와
모든 갈래를 널리 보시며
보고 나서 그 마음이
분별하지 않으시니
저 동요함이 없는 자가
이 도를 행하도다.

법계에 있는 것을
다 분명히 아시고
제일의 이치에
가장 청정하시어
성냄과 교만과 어리석음을
길이 깨뜨리시니
저 공덕 갖춘 자가
이 도를 행하도다.

모든 중생들을
잘 분별하시고
법계의 진실한 성품에

모두 들어가셔서
자연히 깨닫고
다른 이를 말미암지 않으셨으니
저 허공과 평등한 자가
이 도를 행하도다.

온 허공에 있는
모든 국토에
모두 가서 법을 설하여
널리 깨우치시되
설하신 바가 청정하여
무너뜨릴 수 없으니

저 수승한 모니가
이 도를 행하도다.

구족하게 견고하여
퇴전치 아니하시어
존중한 가장 수승한
법을 성취하시고
원력이 다함없어
피안에 이르시니
저 잘 닦는 자가
행하는 도이로다.

한량없고 가없는
일체 대지의
넓고 크고 매우 깊은
미묘한 경계를
모두 능히 알고 보아
남김없으니
저 논리의 사자가
행하는 도이로다.

일체의 문구와 뜻을
다 분명히 아시어
있는 바 다른 논리를

모두 꺾어 굴복시키시고
법에 결정코
의심하는 바 없으시니
저 큰 모니가
이 도를 행하도다.

세간의 모든 근심 걱정을
멀리 여의고
중생들에게 안온한 즐거움을
널리 주어서
같을 이 없는
큰 도사가 능히 되니

저 수승한 공덕 가진 자가
이 도를 행하도다.

항상 두려움 없음으로
중생에게 베풀어
널리 일체로 하여금
다 기쁘게 하되
그 마음 청정하여
물들고 혼탁함을 여의니
저 같을 이 없는 자가
이 도를 행하도다.

의업이 청정하여
지극히 조화롭고 착하며
모든 희론을 여의어
말의 허물이 없으며
위광이 원만하여
대중들이 공경하는 바이니
저 가장 수승한 자가
이 도를 행하도다.

진실한 뜻에 들어가
피안에 이르고
공덕 처소에 머물러

마음이 길이 고요하며
모든 부처님께서 호념하시어
늘 잊지 않으니
저 유를 멸한 자가
이 도를 행하도다.

'나'를 멀리 여의어
고뇌와 폐해가 없고
항상 큰 음성으로
바른 법을 펴되
시방 국토에
두루하지 않음이 없으니

저 비유가 끊어진 자가
이 도를 행하도다.

보시바라밀을
이미 원만히 성취하여
백 가지 복된 상호로
장엄한 바이고
중생들이 보는 자가
다 기뻐하니
저 가장 수승한 지혜 있는 이가
이 도를 행하도다.

지혜의 땅이 매우 깊어
들어가기 어려운데
능히 미묘한 지혜로
잘 안주하여
그 마음이
끝까지 동요하지 않으니
저 견고한 수행인이
이 도를 행하도다.

법계의 있는 곳에
모두 능히 들어가되
들어가는 곳을 따라

다 끝까지 가서
신통이 자재하여
갖추지 않음이 없으니
저 법광명 가진 이가
이 도를 행하도다.

모든 같음이 없이 같은
큰 모니가
부지런히 삼매를 닦아
두 모양 없고
마음은 항상 정에서
적정을 즐기니

저 널리 보는 자가
이 도를 행하도다.

미세하고 광대한
모든 국토가
서로서로 섭입해도
각각 차별한데
그와 같은 경계를
모두 분명히 아니
저 지혜 산의 왕이
이 도를 행하도다.

뜻은 항상 밝고 깨끗하여
모든 때를 여의어
삼계 가운데서
집착하는 바가 없고
온갖 계를 보호해 지녀
피안에 이르니
이 마음 깨끗한 자가
이 도를 행하도다.

지혜가 가없고
말할 수 없어
법계와 허공계에

널리 두루하거늘
잘 능히 닦아 배워
그 가운데 머무르니
저 금강지혜 있는 이가
이 도를 행하도다.

삼세 일체
부처님의 경계에
지혜로 잘 들어가
모두 두루하되
일찍이 잠깐도 피로하거나
싫은 마음을 내지 않으니

저 가장 수승한 자가
이 도를 행하도다.

십력의 법을
잘 능히 분별하고
일체 처에 이르는 길을
분명히 알며
신업이 걸림 없이
자재함을 얻으니
저 공덕의 몸을 이룬 이가
이 도를 행하도다.

시방의 한량없고
가없는 세계에
있는 바 일체
모든 중생들을
내가 다 구호하여
버리지 않으니
저 두려움 없는 자가
이 도를 행하도다.

모든 부처님의 법을
부지런히 닦아 익히되
마음은 언제나 정진하여

게으르지 않고
일체 모든 세간을
깨끗이 다스리니
저 큰 용왕이
이 도를 행하도다.

중생들의 근성이
같지 않고
욕망과 이해도 한량없어
각각 차별함을 분명히 알며
갖가지 모든 세계를
다 밝게 통달하니

이 널리 들어간 자가
이 도를 행하도다.

시방세계의
한량없는 찰토에
모두 가서 생을 받음이
무수하되
일찍이 잠깐도 피로해하거나
싫어함을 내지 않으니
저 환희하는 자가
이 도를 행하도다.

한량없는 광명그물을
널리 놓아서
일체 모든 세간을
밝게 비추고
그 광명에 비친 것이
법성에 들어가니
이 훌륭한 지혜 있는 자가
이 도를 행하도다.

시방의
모든 국토
한량없는 억수의 나유타를

진동하되
중생들을 놀래거나
두렵게 하지 아니하니
이것은 세상을 이롭게 하는 자가
행하는 도이로다.

일체의 말하는 법을
잘 이해하여
질문과 대답을
모두 끝까지 하며
총명과 현철과 변재와
지혜를 모두 아니

이것은 두려움 없는 자가
행하는 도이로다.

엎어지고 젖혀진
모든 국토를 잘 이해하여
분별하고 사유하여
구경을 얻고
모두 다함이 없는 땅에
머무르게 하니
이것은 수승한 지혜 있는 자가
행하는 도이로다.

공덕이 한량없는
나유타인데
불도를 구하기 위해
다 닦아 익혀서
그 일체에서
피안에 이르러니
이것은 다함없는 행 닦은 이가
행하는 도이로다.

세간에 뛰어난
큰 논사가
변재 제일의

사자후로
널리 중생들을
피안에 이르게 하니
이것은 마음 깨끗한 자가
행하는 도이로다.

모든 부처님께서
관정하시는 제일의 법
이 법을 이미 얻어
그 정수리에 물을 부었고
마음이 항상 바른 법문에
편안히 머무르니

저 광대한 마음 가진 이가
이 도를 행하도다.

일체 중생이
한량없이 다르거늘
그 마음을 분명히 통달하여
모두 두루하고
결정코 부처님 법장을
보호해 지니니
저 수미산 같은 이가
이 도를 행하도다.

능히 낱낱
언어 가운데
한량없는 음성을
널리 나타내 보여
저 중생들이
부류를 따라 알게 하니
이 걸림 없이 보는 이가
이 도를 행하도다.

일체 문자와
말하는 법에
지혜로 다 잘 들어가

분별하지 않고
진실한 경계 가운데
머무르니
이것은 성품을 보는 자가
행하는 도이로다.

매우 깊은 큰 법바다에
편안히 머물러
일체 법을
잘 능히 도장 찍듯 정하되
법이 모양 없고
진실한 문을 분명히 아니

이것은 실상을 보는 자가
행하는 도이로다.

낱낱 불국토에
다 나아가
한량없고 가없는
겁이 다하도록
관찰하고 사유하기를
잠시도 쉬지 아니하니
이것은 게으르지 않은 자가
행하는 도이로다.

한량없고 수없는
모든 여래의
갖가지 명호가
각각 같지 않거늘
한 털끝에서
모두 밝게 보니
이것은 깨끗한 복 있는 자가
행하는 도이로다.

한 털끝만 한 곳에서
모든 부처님을 보되
그 수효가 한량없어

말할 수 없고
일체 법계에도
모두 또한 그러하니
저 모든 불자들이
이 도를 행하도다.

한량없고 가없고
수없는 겁을
한 생각 가운데서
모두 밝게 보고
그 길고 짧아
일정한 모양이 없음을 아니

이것은 해탈행을 얻은 이가
행하는 도이로다.

능히 보는 자가
헛됨이 없이
다 불법에
인연을 심게 하되
하는 일에
마음이 집착 없으니
저 모든 가장 수승한 이가
행하는 도이로다.

나유타 겁에
항상 부처님을 만나되
마침내 잠깐도 피로해하거나
싫어함을 내지 않고
그 마음 환희하여
점점 더 증장하니
이것은 헛되지 않게 본 이가
행하는 도이로다.

한량없고 가없는
겁이 다하도록
일체 중생 세계를

관찰하되
일찍이 한 중생도
있다고 보지 않으니
이것은 견고한 보살이
행하는 도이로다.

가없는 복과
지혜장을 닦아 익혀서
청량한 공덕의 못을
널리 만들고
일체의 모든 군생들을
이익케 하니

저 제일가는 사람이
이 도를 행하도다.

법계에 있는
모든 풍류들이
널리 허공에 두루하여
헤아릴 수 없는데
그들 모두 말을 의지해
머무름을 아니
이것은 사자후하는 이가
행하는 도이로다.

능히 낱낱
삼매 가운데
수없는 모든 삼매에
널리 들어가
법문의 깊고 그윽한 곳에
모두 이르니
이것은 달을 논하는 자가
이 도를 행하도다.

인욕의 힘을 부지런히 닦아
피안에 이르러
가장 수승한 적멸법을

능히 알아서
그 마음이 평등하여
동요하지 않으니
이것은 가없는 지혜 있는 이가
행하는 도이로다.

한 세계 하나의
앉은 자리에서
그 몸이 움직이지 않고
항상 고요하되
일체에
널리 몸을 나타내니

저 가없는 몸 가진 이가
이 도를 행하도다.

한량없고 가없는
모든 국토를
모두 한 티끌 속에
함께 들게 하되
널리 포용하여
장애가 없으니
저 가없이 생각하는 이가
이 도를 행하도다.

옳은 도리와 그른 도리를
분명히 통달하고
모든 힘있는 곳에
널리 능히 들어가
여래의 최상의
힘을 성취하니
저 제일가는 힘 가진 이가
행하는 도이로다.

과거와 미래와
현재의 세상에
한량없고 가없는

모든 업보를
항상 지혜로써
모두 분명히 아니
이것은 통달해 아는 이가
행하는 도이로다.

세간의 때와 때 아님을
분명히 알아
알맞게 모든 중생들을
조복하되
모두 그 마땅함을 따라서
잃지 않으니

이것은 잘 아는 자가
행하는 도이로다.

몸과 말과 뜻의
업을 잘 지켜서
언제나 법에 의지하여
수행하게 하며
모든 취착을 여의고
온갖 마군을 항복 받으니
이것은 지혜로운 마음의 사람이
행하는 도이로다.

모든 법 가운데서
선교를 얻고
진여의 평등한 곳에
능히 들어가
변재로 연설함이
다함없으니
이것은 부처님 행 닦는 자가
행하는 도이로다.

다라니문을
이미 원만히 하였고
걸림 없는 법장에

잘 능히 안주하여
모든 법계를
모두 통달하니
이것은 깊이 들어간 자가
행하는 도이로다.

삼세에 계시는
일체 부처님과
모두 더불어 마음도 같고
지혜도 같아서
한 성품 한 모양이고
다름이 없으니

이것은 걸림 없는 종성이
행하는 도이로다.

이미 일체 어리석음의 막을
도려내었고
광대한 지혜바다에
깊이 들어가
중생에게 청정한 눈을
널리 베푸니
이것은 눈 있는 자가
행하는 도이로다.

일체 모든
도사들의
평등한 신통과 둘이 없는 행을
이미 갖추었고
여래의 자재한 힘을
얻었으니
이것은 잘 닦은 자가
행하는 도이로다.

일체 모든 세간에
두루 노닐며
가없는 묘한 법의 비를

널리 내려서
모두 이치를
분명히 알게 하니
이것은 법구름에 오른 자가
행하는 도이로다.

능히 부처님의
지혜와 해탈에
깨끗한 믿음을 깊이 내어
길이 퇴전치 않고
믿음으로
지혜의 뿌리를 내니

이것은 잘 배운 자가
행하는 도이로다.

능히
한 생각에
일체 중생을 남김없이
모두 분명히 알고
저 중생 마음의
자성을 아니
성품 없음을 통달한 자가
행하는 도이로다.

법계의 일체
모든 국토에
모두 능히 수없이
변화하여 가되
그 몸이 가장 미묘하여
짝이 없으니
이것은 비할 데 없는 행을 한 이가
행하는 도이로다.

부처님의 세계가
가없고 무수한데
한량없는 모든 부처님께서

그 가운데 계시니
보살들이 그곳에
모두 나타나
친근하고 공양올리며
존중하도다.

보살들이
능히 오직 한 몸으로
삼매에 들어가
적정하되
그 몸이
수없어서

낱낱이 다 삼매에서
일어남을 보게 하도다.

보살의 머무른 곳이
가장 깊고 묘하며
행하는 것 짓는 일이
희론을 초월하여
그 마음이 청정하고
항상 즐거워
능히 중생들을
모두 환희케 하도다.

모든 근기와 방편이
각각 차별함을
능히 지혜로
모두 밝게 보고
모든 근기가
의지한 바 없음을 아니
조복하기 어려움을 조복한 자가
행하는 도이로다.

능히 방편으로
교묘히 분별하여
일체 법에

자재함을 얻어서
시방세계가
각각 같지 않으나
모두 그 가운데 있으면서
불사를 짓도다.

모든 근기가 미묘하고
행도 또한 그러하여
능히 중생들을 위하여
널리 법을 설하니
듣는 자 그 누가
기뻐하지 않으리오

이것은 허공과 평등한 이가
행하는 도이로다.

지혜의 눈 청정하여
더불어 같을 이 없어
일체 법을
모두 밝게 보고
이와 같은 지혜로
교묘히 분별하니
이것은 같을 이 없는 자가
행하는 도이로다.

있는 바 다함없는
광대한 복을
일체를 수행하여
다 성취하며
모든 중생들로 하여금
다 청정케 하니
이것은 비할 데 없는 자가
행하는 도이로다.

도를 돕는 법 닦아 이루기를
널리 권하고
모두 방편 지위에

머무르게 하여
중생들을 제도하여 해탈케 함이
수없지만
일찍이 잠깐도 중생이라는
생각을 일으키지 않도다.

일체 근기 인연을
모두 관찰하여
먼저 그 뜻을 보호하여
다툼이 없게 하고
중생들에게 안온한 곳을
널리 보이니

이것은 방편을 얻은 자가
행하는 도이로다.

가장 높고 제일의
지혜를 성취하고
한량없고 가없는
지혜를 구족하여
모든 네 대중에게
두려울 바 없으니
이것은 방편 지혜 갖춘 이가
행하는 도이로다.

일체 세계와
모든 법에
모두 능히 두루 들어가
자재를 얻고
또한 일체
대중모임 가운데 들어가
수없는 군생들을 제도하여
해탈케 하도다.

시방의 일체
국토 가운데
큰 법고를 울려

군생들을 깨우치고
법을 보시하는 시주가 되어
가장 높으니
이것은 멸하지 않는 자가
행하는 도이로다.

한 몸이 가부를 맺어
반듯이 앉아서
시방의 한량없는
세계에 충만하되
그 몸으로 하여금
협소하지 않게 하니

이것은 법신을 증득한 자가
행하는 도이로다.

능히 한 뜻과
한 글자 중에
한량없고 가없는
법을 연설하되
그 끝 간 데를
얻을 수 없으니
이것은 가없는 지혜 있는 이가
행하는 도이로다.

부처님의 해탈을
잘 닦아 배우고
부처님의 지혜를 얻어
장애가 없으며
두려움 없음을 성취하여
세상의 영웅이 되니
이것은 방편을 얻은 자가
행하는 도이로다.

시방의 세계바다를
분명히 알고
또한 일체 부처님의

세계바다를 알며
지혜바다와 법바다도
모두 분명히 아니
보는 중생들이
다 기뻐하도다.

혹은 태에 들어감과
처음 태어남을 나타내며
혹은 도량에서
정각 이룸을 나타내어
이와 같음을
다 세간이 보게 하니

이것은 가없는 자가
행하는 도이로다.

한량없는 억수의
국토 가운데
그 몸이 열반에 듦을
나타내 보이나
실로 서원을 버리고
적멸에 돌아가지 않으니
이것은 영웅 같은 논자가
행하는 도이로다.

견고하고 비밀하고
미묘한 한 몸이
부처님과 평등하여
차별이 없으나
모든 중생들을 따라
각각 다르게 보니
한 진실한 몸 지닌 자가
행하는 도이로다.

법계가 평등하여
차별이 없으나
한량없고 가없는 뜻을

구족하였고
한 모양을 즐겨 보아도
마음이 움직이지 않으니
삼세의 지혜로운 자가
행하는 도이로다.

모든 중생들과
부처님 법에
건립하고 가지함을
모두 성취하여
있는 바 가지하는 힘이
부처님과 같으니

최상의 가지 받은 자가
이 도를 행하도다.

신족이 걸림 없어
마치 부처님 같고
천안이 걸림 없어
가장 청정하며
이근이 걸림 없어
잘 들리니
이것은 걸림 없는 뜻 가진 이가
행하는 도이로다.

있는 바 신통을
다 구족하고
그 지혜를 따라
모두 성취하여
일체를 잘 알아
짝할 바 없으니
이것은 어질고 지혜로운 자가
행하는 도이로다.

그 마음이 바른 정에 들어
요동하지 않고
그 지혜가 광대하여

끝이 없어서
있는 바 경계를
다 밝게 통달하니
일체를 보는 자가
행하는 도이로다.

일체 공덕의 언덕에
이미 이르러
능히 차례를 따라서
중생들을 제도하되
그 마음은 끝까지
만족해 싫어함이 없으니

이것은 늘 부지런한 자가
행하는 도이로다.

삼세에 있는 바
모든 부처님의 법을
이에 일체를
다 알고 보아서
여래의 종성으로부터
태어나니
저 모든 불자들이
이 도를 행하도다.

수순하는 말은
이미 성취하였고
어기는 담론은
잘 꺾어 굴복시켜서
늘 부처님의 보리를 향해
능히 나아가니
가없는 지혜 있는 자가
행하는 도이로다.

한 광명이
끝없이 비치어서
시방 국토에

모두 두루 가득하여
널리 세간이
큰 광명을 얻게 하니
이것은 어두움을 깨뜨린 자가
행하는 도이로다.

그 몸에 응하고
공양에 응함을 따라
여래의 청정한 몸을
나타내어서
백천억 중생들을
교화하니

부처님 세계를 장엄함도
또한 이와 같도다.

중생들이 세간에서
벗어나게 하기 위하여
일체의 묘한 행을
다 닦아 익히니
이 행은 넓고 커서
끝이 없거늘
어떻게 능히 아는 자가
있으리오.

가령 분신이
말할 수 없어
법계와 허공과
같아서
모두 함께
그 공덕을 찬탄하여도
백천만겁에
능히 다할 수 없도다.

보살들의 공덕은
끝이 없어서
일체 수행을

다 구족하니
가령 한량없고
가없는 부처님께서
무량겁 동안 설하셔도
다하지 못하거늘

어찌 하물며
세간의 천신과 인간과
일체 성문과
연각이
능히 한량없고
가없는 겁 동안

찬탄하고 칭찬하여
다할 수 있으리오.

〈대방광불화엄경 제20권〉

회향송

아차보현수승행
무변승복개회향
보원침익제중생
속왕무량광불찰

시방삼세일체불
제존보살마하살
마하반야바라밀

廻向頌

我此普賢殊勝行
無邊勝福皆迴向
普願沈溺諸眾生
速往無量光佛剎

十方三世一切佛
諸尊菩薩摩訶薩
摩訶般若波羅蜜

大方廣佛華嚴經

부록

- 대방광불화엄경 목차

- 간행사

대방광불화엄경
목차

⟨제1회⟩

제1권	제1품	세주묘엄품 [1]
제2권	제1품	세주묘엄품 [2]
제3권	제1품	세주묘엄품 [3]
제4권	제1품	세주묘엄품 [4]
제5권	제1품	세주묘엄품 [5]
제6권	제2품	여래현상품
제7권	제3품	보현삼매품
	제4품	세계성취품
제8권	제5품	화장세계품 [1]
제9권	제5품	화장세계품 [2]
제10권	제5품	화장세계품 [3]
제11권	제6품	비로자나품

⟨제2회⟩

제12권	제7품	여래명호품
	제8품	사성제품
제13권	제9품	광명각품
	제10품	보살문명품
제14권	제11품	정행품
	제12품	현수품 [1]
제15권	제12품	현수품 [2]

⟨제3회⟩

제16권	제13품	승수미산정품
	제14품	수미정상게찬품
	제15품	십주품
제17권	제16품	범행품
	제17품	초발심공덕품
제18권	제18품	명법품

〈제4회〉

제19권 제19품 승야마천궁품
         제20품 야마궁중게찬품
         제21품 십행품 [1]

제20권 제21품 십행품 [2]

제21권 제22품 십무진장품

〈제5회〉

제22권 제23품 승도솔천궁품

제23권 제24품 도솔궁중게찬품
         제25품 십회향품 [1]

제24권 제25품 십회향품 [2]

제25권 제25품 십회향품 [3]

제26권 제25품 십회향품 [4]

제27권 제25품 십회향품 [5]

제28권 제25품 십회향품 [6]

제29권 제25품 십회향품 [7]

제30권 제25품 십회향품 [8]

제31권 제25품 십회향품 [9]

제32권 제25품 십회향품 [10]

제33권 제25품 십회향품 [11]

〈제6회〉

제34권 제26품 십지품 [1]

제35권 제26품 십지품 [2]

제36권 제26품 십지품 [3]

제37권 제26품 십지품 [4]

제38권 제26품 십지품 [5]

제39권 제26품 십지품 [6]

〈제7회〉

제40권 제27품 십정품 [1]

제41권 제27품 십정품 [2]

제42권 제27품 십정품 [3]

제43권 제27품 십정품 [4]

제44권 제28품 십통품
         제29품 십인품

제45권 제30품 아승지품
         제31품 수량품
         제32품 제보살주처품

제46권 제33품 불부사의법품 [1]

제47권 제33품 불부사의법품 [2]

제48권	제34품	여래십신상해품
	제35품	여래수호광명공덕품
제49권	제36품	보현행품
제50권	제37품	여래출현품 [1]
제51권	제37품	여래출현품 [2]
제52권	제37품	여래출현품 [3]

〈제8회〉

제53권	제38품	이세간품 [1]
제54권	제38품	이세간품 [2]
제55권	제38품	이세간품 [3]
제56권	제38품	이세간품 [4]
제57권	제38품	이세간품 [5]
제58권	제38품	이세간품 [6]
제59권	제38품	이세간품 [7]

〈제9회〉

제60권	제39품	입법계품 [1]
제61권	제39품	입법계품 [2]
제62권	제39품	입법계품 [3]
제63권	제39품	입법계품 [4]
제64권	제39품	입법계품 [5]
제65권	제39품	입법계품 [6]
제66권	제39품	입법계품 [7]
제67권	제39품	입법계품 [8]
제68권	제39품	입법계품 [9]
제69권	제39품	입법계품 [10]
제70권	제39품	입법계품 [11]
제71권	제39품	입법계품 [12]
제72권	제39품	입법계품 [13]
제73권	제39품	입법계품 [14]
제74권	제39품	입법계품 [15]
제75권	제39품	입법계품 [16]
제76권	제39품	입법계품 [17]
제77권	제39품	입법계품 [18]
제78권	제39품	입법계품 [19]
제79권	제39품	입법계품 [20]
제80권	제39품	입법계품 [21]

간 행 사

귀의삼보 하옵고,

『대방광불화엄경』의 수지 독송과 유통을 발원하면서 수미정사 불전연구원에서『독송본 한문·한글역 대방광불화엄경』과『사경본 한글역 대방광불화엄경』을 편찬하여 간행하게 되었습니다.

『화엄경』은 우리나라에 전래된 이래 일찍부터 사경되고 주석·강설되어 왔으며 근현대에 이르러서는『화엄경』의 한글 번역과 연구도 부쩍 많이 이루어졌습니다. 그만큼『화엄경』이 우리 불자님들의 신행과 해탈에 큰 의지처가 되었던 것임을 알 수 있습니다.

『화엄경』을 독송하고 사경하는 공덕은 설법 공덕과 함께 크게 강조되어 왔습니다. 그리하여 수미정사 불전연구원에서도『화엄경』(80권)을 독송하고 사경하는 데 도움이 되도록 한문 원문과 한글역을 함께 수록한 독송본과 한글역의 사경본『화엄경』간행불사를 발원하였습니다. 이『화엄경』간행불사에 뜻을 같이하여 적극 후원해주신 스님들과 재가 불자님들께 깊이 감사드립니다. 또한『화엄경』을 수지 독송할 수 있도록 경책의 모습으로 장엄해 주신 편집위원들과 담앤북스 출판사 관계자들께도 고마움을 표합니다.

끝으로 이 불사의 원만 회향으로『화엄경』이 널리 유통되고, 온 법계에 부처님의 가피가 충만하시길 기원드립니다.

나무 대방광불화엄경

불기 2564년 '부처님오신날'을 봉축하며
수미해주 합장

위태천신(동진보살)

수미해주 須彌海住

동국대학교 명예교수
중앙승가대학교 법인이사
대한불교조계종 수미정사 주지

사경본 한글역
대방광불화엄경 제20권

| 초판 1쇄 발행_ 2021년 11월 24일

| 엮은이_ 수미해주
| 엮은곳_ 수미정사 불전연구원
| 편집위원_ 해주 수정 경진 선초 정천 석도 박보람 최원섭
| 편집보_ 무이 무진 지욱 김지예

| 펴낸이_ 오세룡
| 펴낸곳_ 담앤북스
　　　　서울특별시 종로구 새문안로3길 23 경희궁의 아침 4단지 805호
　　　　대표전화 02)765-1251 전자우편 damnbooks@hanmail.net
　　　　출판등록 제300-2011-115호
| ISBN_ 979-11-6201-337-3 04220

이 책은 저작권 법에 따라 보호받는 저작물이므로 무단전재와 복제를 금합니다.
이 책 내용의 전부 또는 일부를 이용하려면 반드시 저작권자와 담앤북스의 서면 동의를 받아야 합니다.

정가 10,000원
ⓒ 수미해주 2021